I0416291

La ruta de Puerto Rico hacia la Estadidad

Lcdo. Juan José Nolla-Acosta, JD

2014

ISBN

Tabla de Contenido

ISBN 978-1-312-87261-5

9 781312 872615

Prólogo

El 6 de noviembre de 2012 los ciudadanos Americanos residentes en Puerto Rico acudieron a las urnas a votar en un plebiscito sobre su status político. Este fue el cuarto plebiscito desde 1967. Se habían celebrado plebiscitos en 1967, 1993 y 1998.

A los electores se le presentaron dos preguntas sobre el status político de Puerto Rico. La primera pregunta era si deseaban continuar con el status territorial que tienen en la actualidad. Por una clara mayoría de 54% los electores le dijeron "No" al Status Territorial. La opción del "No" obtuvo más votos que el gobernador que fue electo ese mismo día.

La segunda pregunta pedía a los electores que escogieran una opción no territorial de status. Las opciones eran la Estadidad, la Independencia y la Libre Asociación, bajo el nombre de "Estado Libre Asociado Soberano."

En esta pregunta, el 61% de los que votaron entre una de las tres opciones escogió la Estadidad. Esta fue la primera vez que una mayoría de los electores escogió la Estadidad sobre otras fórmulas.

Estos resultados fueron históricos. Por primera vez, los electores de Puerto Rico le dijeron al Congreso de los Estados Unidos y al mundo que no desean la condición territorial actual. Los puertorriqueños son Ciudadanos Americanos desde 1917 pero no tienen los mismos deberes y derechos que sus conciudadanos en los 50 estados. No tienen representación con voto en el Congreso de los Estados Unidos (Cámara de Representantes y Senado), y tampoco participan en la elección del Presidente y Vicepresidente de los Estados Unidos.

Ahora, le corresponde al Congreso de los Estados Unidos atender el asunto y responder afirmativamente a los resultados del plebiscito de 2012. El Senado Federal realizó una Audiencia donde se analizaron los resultados del plebiscito y de lo que allí expresaron, están claros de que el electorado retiró su consentimiento a la condición territorial. También están claros de que entre los electores que escogieron una opción, el 61% optó por la Estadidad. Pero tenemos que tomar un rol activo en esta lucha.

Un gran número de personas, por diversas razones, optó por dejar en blanco la segunda pregunta. En el sistema político de los Estados Unidos los votos emitidos en blanco no cuentan para determinar los porcientos obtenidos por las opciones presentes en la papeleta. Por lo tanto, esas personas simplemente perdieron su oportunidad de escoger la opción no territorial que prefieren. Si esas personas hubieran votado en la segunda pregunta, con los títulos reales de las opciones, el por ciento de la Estadidad habría aumentado a 80-90% de los votos.

Lo que corresponde ahora es que Puerto Rico exija la admisión como el Estado 51 de la Nación Americana. Para ello, se han radicado dos proyectos de ley, el H.R. 2000 (en la Cámara de

Representantes de los Estados Unidos) y el S. 2020 (en el Senado Federal).

Hay que tomar en cuenta que un proyecto como la admisión de un nuevo estado es algo que toma tiempo en hacerse. Algunos políticos en Puerto Rico pretenden que este asunto se atienda en uno o dos años. La realidad es que es muy posible que pasen varios Congresos (que duran 2 años cada uno) antes de que se concretice la admisión de Puerto Rico como el Estado 51.

Claro, eso no significa que desde Puerto Rico no se busque acelerar el proceso. Por ello, el gobierno que resulte electo el 8 de noviembre de 2016 debe tomar pasos claros para hacer valer el resultado del plebiscito de 2012. El gobierno Estadista que llegue al poder el 2 de enero de 2017 tiene que ser firme y tomar acciones decisivas. Tenemos que tomar un rol activo y exigir lo que por derecho nos corresponde.

Hay varias formas de acelerar el proceso en Puerto Rico y a nivel federal:

I. Radicar nuevamente un proyecto de admisión en ambas cámaras del Congreso de los Estados Unidos. Esto se debe hacer también en 2015, cuando comience el nuevo Congreso luego de las elecciones de 4 de noviembre de 2014.

II. Radicar legislación a nivel Estatal para elegir a los 2 Senadores y 5 ó 6 Representantes que le corresponden a Puerto Rico en el Congreso. Una vez electos, enviarlos a Washington para exigir la admisión de Puerto Rico como estado.

III. Radicar legislación Estatal para repetir la pregunta número dos (2) del plebiscito de 2012, pero con los nombres correctos para las fórmulas ("Libre

Asociación" en lugar de "Estado Libre Asociado Soberano). Luego de que gane la Estadidad, proceder con el paso de elegir nuestra delegación Congresional.

El paso I puede tomarse simultáneamente con el II o el III.

Muchas personas sentimos que ya la voluntad del pueblo de Puerto Rico fue clara el 6 de noviembre de 2012 al votar sobre las opciones no territoriales. También sabemos que los votos en blanco no cuentan para determinar porcientos. Pero, para que los opositores no tengan excusa alguna, vamos a hacer una votación donde Puerto Rico escoja entre la Estadidad y las dos variantes de Independencia. El único resultado que puede salir de esa votación es una victoria para la Estadidad con mucho más del 61% del 2012. El "Estado Libre Asociado Soberano" obtuvo el 33% de los votos solamente por el título que tenía. Mucha gente votó por esa opción, que es en realidad una forma de independencia, pensando que estaban votando por el "ELA" que tenemos. En un plebiscito entre la Estadidad, Independencia y Libre Asociación, el resultado debe ser un triunfo para la Estadidad con entre el 80% y el 90% de los votos. Al final de este libro aparece una proyección que he preparado sobre ese posible plebiscito.

Este libro tiene los resultados de todos los plebiscitos sobre Status celebrados en Puerto Rico donde la Estadidad ha sido una de las opciones en la papeleta. Podemos ver cuánto ha avanzado la Estadidad desde que Don Luis Ferré fundo "Estadistas Unidos" para defenderla en 1967 cuando el Partido Estadista la abandonó. Utilizo el término "Territorio" en vez de Estado Libre Asociado, porque esc término no representa el status político actual, contrario a lo que mucha gente cree porque se les ha dicho por 62 años. Cuando se aprobó la Constitución de Puerto Rico en 1952, autorizados por la Ley 81-600, no se creó ningún status político nuevo. Puerto Rico continuó siendo un territorio no incorporado de los Estados Unidos el 25 de julio de 1952, como lo era el día antes. El término "Estado Libre Asociado" fue una traducción inventada por los delegados del PPD en la Convención Constituyente del término "Commonwealth." El término "Commonwealth" en los Estados Unidos significa una sociedad con un gobierno organizado por el pueblo.

El proceso hacia la Estadidad ha requerido, generalmente, varios plebiscitos antes de obtener la admisión como Estado.

En Hawaii se celebró un plebiscito el 5 de noviembre de 1940, poco más de un año antes del ataque a Pearl Harbor. El resultado de ese plebiscito fue:

A favor	46,124	67%
En contra	22,428	33%

(Breakthrough from Colonialism; Editorial de la UPR; San Juan, PR; 1980; Vol. II, p. 1010)

Alaska realizó varios plebiscitos antes de obtener la Estadidad. El primero fue el 8 de octubre de 1946, junto con las elecciones territoriales de Alaska.

A favor   9,630 58.5%
En contra   6,822 41.5%

En 1956, Alaska celebró un referéndum para ratificar la Constitución que ellos aprobaron en Convención Constituyente como paso hacia la Estadidad. Además se aprobó utilizar el Plan Tennessee para conseguir la Estadidad.

Para ratificar la Constitución Estatal de Alaska

A favor	17,447	68.1%
En contra	8,180	31.9%

Aprobación del Plan Tennessee

A favor	15,011	61.1%
En contra	9,556	38.9%

(<u>Breakthrough from Colonialism</u>; Vol. II, páginas 842-843).

Referéndums celebrados en diversos estados
(Fuente: Breakthrough from Colonialism; Editorial de la UPR; San Juan, Puerto Rico; 1980; Vol. II, páginas 1181-1205).

Referéndums antes de que el Congreso tomara acción aprobando la admisión del territorio.

Territorio	A favor	En Contra
Tennessee	73%	27%
Maine	71%	29%
Arkansas	68%	32%
Michigan	60%	40%
Florida	63%	37%
Texas	97%	3%
Iowa	69%	31%
Wisconsin	22%	78%
Oregón	82%	18%
West Virginia	96%	4%
Nevada	81%	19%
Nebraska	47%	53%
Colorado[1]	45%	55%
South Dakota	79%	21%
Washington	60%	40%
Hawaii (1940)[2]	67%	33%
Alaska (1956)	61%	39%

---

[1] El 55% en contra de la Estadidad votó a favor de un status territorial. Luego de que el Congreso determinó que había deseo para la Estadidad, se hicieron tres referéndums para ratificar la Constitución del nuevo estado como requisito para la admisión del estado de Colorado.

[2] Votación celebrada el 5 de noviembre de 1940, un año, un mes y dos días antes del ataque a Pearl Harbor.

Votaciones llevadas a cabo después de que el Congreso tomara acción ofreciendo la admisión del territorio como estado de la unión.

Territorio	A favor	En Contra
Wisconsin (1846)	83.0%	17.0%
Alaska (1959)	83.5%	16.5%
Hawaii (1959)	95.0%	5.0%

Territorios que tuvieron varias votaciones antes de ser admitidos como estado de la unión.

*- Votación luego del acta habilitadora.
**- Votación luego del acta de admisión.

Territorio	Año	A favor	En Contra
Maine	1792	45%	55%
	1797	54%	46%
	1807	26%	74%
	1816	62%	38%
	1816	53%	47%
	1819	71%	29%
Iowa	1840	24%	76%
	1842	38%	62%
	1844	69%	31%
Wisconsin	1840	¿?	Mayoría
	1842	25%	75%
	1843	30%	70%
	1844	22%	78%
	*1846	83%	17%
Oregón	1854	44%	56%
	1855	48%	52%
	1856	49%	51%
	1857	82%	18%
Washington	1869	47%	53%
	1872	30%	70%
	1876	60%	40%

Hawaii	1940	67%	33%
	** 1959	95%	5%
Alaska	1946	58.5%	41.5%
	1956	61%	39%
	** 1958	83.5%	16.5%

Esta tabla demuestra que no se ha requerido un por ciento específico del electorado a favor de la admisión como estado. Eso significa que los gobiernos Estadistas pudieron haber solicitado la admisión de Puerto Rico como estado aún sin celebrar un plebiscito. El Congreso podría haber aprobado la Estadidad para Puerto Rico, con el requisito de que se ratificara la ley de admisión, como se hizo en, por ejemplo, Alaska y Hawaii.

Puerto Rico
Votación total en 1967, 1993, 1998 y 2012.

1967

Territorio	425,132	60.41%
Estadidad	274,312	39.98%
Independencia	4,248	0.60%

1993

Territorio	826,326	48.48%
Estadidad	788,296	46.64%
Independencia	75,620	4.47%

1998

Ninguna de las Anteriores	787,900	50.46%
Estadidad	728,157	46.63%
Independencia	39,838	2.55%
Libre Asociación	4,536	0.29%
Territorio	993	0.06%

2012
1[era] Pregunta: ¿Debe Puerto Rico continuar su Status Territorial actual?

No	970,910	54.00%
Sí	828,077	46.00%

2[nda] Pregunta: Opciones no territoriales de Status.

Estadidad	834,191	61.16%
Libre Asociación	454,768	33.34%
Independencia	74,895	5.49%

Plebiscito de 1967

	Territorio	Estadidad	Independenc...
Adjuntas	**3,262**	2,640	
Aguada	**3,200**	2,459	
Aguadilla	**6,647**	4,186	
Aguas Buenas	**3,067**	1,074	
Aibonito	**3,743**	1,725	
Añasco	**3,490**	1,858	
Arecibo	**14,999**	5,370	1(
Arroyo	**2,443**	1,239	
Barceloneta	**4,593**	2,282	
Barranquitas	**3,622**	1,556	
Bayamón	**17,264**	14,919	2;
Cabo Rojo	**4,478**	1,767	
Caguas	**12,541**	8,689	1;
Camuy	**4,266**	1,984	
Carolina	**9,247**	5,973	1(
Cataño	3,258	**3,424**	
Cayey	**7,869**	3,450	
Ceiba	**1,575**	939	
Ciales	**3,270**	1,460	
Cidra	**3,387**	2,096	
Coamo	**4,267**	3,170	
Comerío	**1,219**	247	
Corozal	3,787	**3,856**	
Culebra	**222**	19	

Dorado	**3,344**	1,368	23
Fajardo	**3,920**	3,175	42
Guánica	**2,650**	1,850	38
Guayama	**6,196**	3,041	42
Guayanilla	**3,324**	1,969	32
Guaynabo	**7,263**	6,575	92
Gurabo	**4,285**	1,700	27
Hatillo	**4,271**	2,119	30
Hormigueros	**1,806**	681	23
Humacao	**7,975**	3,127	44
Isabela	**5,530**	1,476	32
Jayuya	**2,325**	1,736	7
Juana Díaz	**4,730**	4,097	27
Juncos	**4,468**	2,829	26
Lajas	**3,490**	1,189	23
Lares	**4,564**	2,178	35
Las Marías	**1,969**	483	8
Las Piedras	**3,457**	2,528	16
Loíza	**6,233**	1,863	37
Luquillo	**2,468**	975	12
Manatí	**5,975**	2,938	31
Maricao	**1,457**	344	6
Maunabo	**2,273**	619	15
Mayagüez	**15,424**	7,174	211
Moca	**3,409**	2,816	13
Morovis	**3,863**	1,615	9
Naguabo	**3,537**	2,427	17
Naranjito	**4,464**	1,851	20
Orocovis	**3,303**	2,456	9
Patillas	**3,228**	1,734	13
Peñuelas	**2,713**	1,997	20

Ponce	20,114	**22,950**	3
Quebradillas	**2,624**	1,111	
Rincón	**2,118**	802	
Río Grande	**3,692**	2,198	
Sabana Grande	**3,436**	1,313	
Salinas	**4,916**	1,718	
San Germán	**5,262**	2,363	
San Juan	**63,496**	60,723	1,3
San Lorenzo	4,213	**4,475**	
San Sebastián	**5,405**	2,654	
Santa Isabel	**2,581**	1,736	
Toa Alta	**3,176**	1,765	
Toa Baja	**4,407**	2,602	
Trujillo Alto	**4,144**	2,196	
Utuado	**5,820**	3,651	
Vega Alta	**3,771**	1,199	
Vega Baja	**5,798**	3,032	
Vieques	**1,911**	507	
Villalba	**2,731**	1,915	
Yabucoa	**6,065**	2,774	
Yauco	**6,254**	3,784	
Puerto Rico	**425,132**	274,312	4,24
%	**60.414%**	38.982%	0.603

*-Los símbolos para las fórmulas se escogieron por sorteo.

*-La Estadidad y la Independencia fueron representadas por organizaciones no partidistas cuando el PER y PIP, respectivamente, decidieron no participar en el plebiscito.

Plebiscito de 1993

	Territorio	Estadidad	Independencia
Adjuntas	**4,975**	4,872	211
Aguada	8,721	**8,772**	686
Aguadilla	12,822	**14,320**	872
Aguas Buenas	**6,476**	6,398	735
Aibonito	**7,758**	4,466	675
Añasco	**7,183**	6,698	275
Arecibo	23,136	**24,524**	1,655
Arroyo	**4,774**	4,398	395
Barceloneta	**5,977**	5,267	309
Barranquitas	**6,930**	6,426	513
Bayamón	45,294	**53,797**	5,812
Cabo Rojo	**10,808**	7,799	1,253
Caguas	**31,119**	28,506	3,757
Camuy	**8,404**	8,196	412
Canóvanas	**9,117**	7,287	671
Carolina	37,202	**38,757**	4,258
Cataño	6,232	**6,620**	675
Cayey	**12,131**	8,703	1,096
Ceiba	**3,153**	3,151	143
Ciales	4,581	**5,043**	264
Cidra	8,100	**8,279**	967
Coamo	**8,853**	7,529	416
Comerío	**5,509**	4,984	412
Corozal	8,544	**8,929**	535
Culebra	**605**	313	33
Dorado	**8,632**	6,339	786

Fajardo	7,934	**8,107**	602
Florida	**2,368**	2,309	221
Guánica	**5,050**	4,077	339
Guayama	**9,527**	7,773	699
Guayanilla	**5,826**	4,113	529
Guaynabo	17,797	**23,418**	2,653
Gurabo	**7,159**	6,739	524
Hatillo	**9,413**	8,599	458
Hormigueros	**4,655**	3,440	376
Humacao	**14,428**	10,138	1,006
Isabela	**10,867**	9,525	655
Jayuya	**3,944**	3,926	292
Juana Díaz	**10,613**	9,569	513
Juncos	**7,455**	7,165	464
Lajas	**6,893**	4,768	377
Lares	**7,595**	7,212	615
Las Marías	**2,963**	2,072	150
Las Piedras	**7,406**	7,316	364
Loíza	4,505	**5,835**	371
Luquillo	**4,397**	4,209	325
Manatí	10,013	**10,316**	773
Maricao	1,676	**1,717**	66
Maunabo	**3,160**	2,877	334
Mayagüez	**25,312**	20,189	2,313
Moca	7,725	**9,479**	425
Morovis	**7,225**	6,187	299
Naguabo	**6,138**	5,210	264
Naranjito	**8,954**	5,946	566
Orocovis	5,641	**5,929**	298
Patillas	**5,282**	4,652	404
Peñuelas	**5,614**	5,135	565

Ponce	**38,635**	35,949	3,676
Quebradillas	**5,885**	5,473	466
Rincón	**4,076**	2,908	155
Río Grande	9,349	**10,269**	714
Sabana Grande	**7,876**	4,288	281
Salinas	**7,557**	5,013	373
San Germán	**10,070**	7,543	635
San Juan	81,492	**92,395**	12,825
San Lorenzo	9,020	**9,145**	541
San Sebastián	**11,731**	9,187	1,125
Santa Isabel	**5,458**	3,823	274
Toa Alta	9,109	**9,649**	905
Toa Baja	18,106	**18,636**	2,009
Trujillo Alto	**13,216**	12,674	1,931
Utuado	8,484	**9,415**	493
Vega Alta	**8,857**	7,270	625
Vega Baja	**14,266**	11,544	1,060
Vieques	**2,230**	1,988	215
Villalba	5,658	**5,739**	246
Yabucoa	**10,082**	8,649	560
Yauco	**10,780**	8,419	875
Total	**826,326**	788,296	75,620
%	**48.89%**	46.64%	4.47%
	Votos contra el Territorio	**51.11%**	

Pluralidad del Territorio		38,030	2.25%
Mayoría contra el Territorio		37,590	2.22%

Las opciones fueron representadas por figuras geométricas escogidas mediante sorteo porque el PNP y PIP querían utilizar el mismo símbolo (una Estrella).

Plebiscito de 1998

	3 Ninguna de las Anteriores	4 Estadidad	2 Independencia	1 Libre Asociación	Territ
Adjuntas	4,247	**4,572**	148	21	
Aguada	**9,044**	8,885	383	48	
Aguadilla	12,167	**13,787**	509	52	
Aguas Buenas	5,989	**6,037**	491	30	
Aibonito	**7,233**	4,396	354	22	
Añasco	**6,632**	6,334	186	28	
Arecibo	21,024	**21,528**	915	96	
Arroyo	4,058	**4,261**	266	14	
Barceloneta	**5,552**	4,501	151	12	
Barranquitas	**6,938**	6,404	298	17	
Bayamón	43,912	**46,435**	2,488	320	
Cabo Rojo	**10,252**	7,839	796	62	
Caguas	**30,388**	25,582	1,787	190	
Camuy	8,190	**8,442**	254	34	
Canóvanas	**8,405**	6,945	352	45	
Carolina	**36,565**	34,151	1,870	253	
Cataño	6,052	**6,124**	303	43	
Cayey	**11,228**	8,706	629	63	
Ceiba	**2,782**	2,647	107	15	
Ciales	4,580	**4,820**	146	12	
Cidra	7,762	**8,377**	687	50	
Coamo	**8,344**	7,178	239	21	
Comerío	**5,099**	4,869	249	14	
Corozal	8,501	**8,533**	308	24	
Culebra	**492**	336	28	0	

Dorado	**8,547**	5,887	426	27	13
Fajardo	6,660	**7,015**	344	34	19
Florida	2,458	**2,732**	186	15	2
Guánica	**4,659**	4,005	250	22	7
Guayama	**8,290**	7,551	442	38	11
Guayanilla	**5,411**	3,934	378	16	3
Guaynabo	18,332	**20,935**	1,190	204	40
Gurabo	**7,051**	6,460	334	39	9
Hatillo	**8,888**	8,220	326	42	9
Hormigueros	**4,407**	3,408	268	19	7
Humacao	**13,184**	9,577	567	73	23
Isabela	**10,871**	9,844	388	42	5
Jayuya	3,961	**4,104**	181	16	5
Juana Díaz	**9,737**	9,125	321	38	3
Juncos	6,555	**6,769**	271	20	10
Lajas	**6,450**	4,750	238	24	9
Lares	**7,282**	7,033	359	35	4
Las Marías	**2,805**	2,411	105	6	1
Las Piedras	6,792	**7,452**	226	27	7
Loíza	3,950	**5,286**	215	16	8
Luquillo	**4,029**	3,699	158	33	2
Manatí	8,783	**9,590**	435	61	12
Maricao	1,531	**1,801**	54	6	3
Maunabo	**2,838**	2,805	197	9	6
Mayagüez	**22,611**	17,847	1,191	141	27
Moca	7,995	**9,794**	291	35	11
Morovis	**7,237**	6,036	204	17	3
Naguabo	**5,500**	4,878	208	19	4
Naranjito	**8,924**	5,749	298	18	8
Orocovis	**5,917**	5,826	167	11	6
Patillas	**4,706**	4,383	252	22	7
Peñuelas	**5,314**	5,139	429	28	8

Ponce	**34,690**	31,264	1,830	204	
Quebradillas	**6,095**	5,934	273	29	
Rincón	**4,093**	3,082	97	11	
Río Grande	8,546	**9,100**	409	55	
Sabana Grande	**7,257**	4,425	238	27	
Salinas	**6,726**	4,693	259	28	
San Germán	**8,605**	7,432	375	63	
San Juan	**82,427**	77,537	5,490	871	
San Lorenzo	8,067	**8,405**	313	39	
San Sebastián	**11,335**	9,499	748	59	
Santa Isabel	**4,786**	3,702	170	21	
Toa Alta	**10,353**	9,794	511	55	
Toa Baja	**17,324**	16,496	958	99	
Trujillo Alto	**14,112**	11,973	901	115	
Utuado	7,688	**7,757**	248	25	
Vega Alta	**8,548**	6,975	362	42	
Vega Baja	**13,559**	10,801	625	47	
Vieques	**2,207**	1,580	110	7	
Villalba	4,973	**5,660**	169	19	
Yabucoa	**9,451**	8,435	353	32	
Yauco	**9,947**	7,879	556	49	
Total	**787,900**	728,157	39,838	4,536	
%	**50.46%**	46.63%	2.55%	0.29%	0.0

Las opciones fueron representadas en la papeleta por números que fueron seleccionados mediante sorteo.
El PPD respaldó la columna de "Ninguna de las Anteriores" como un "voto castigo" contra el gobernador Pedro Rosselló.
La Libre Asociación fue representada por el grupo PROELA.
 Ninguna organización representó la opción del Territorio.

Plebiscito de 2012
Pregunta 1- ¿Debe Puerto Rico mantener su Status Territorial Actual?

	No	Sí
Adjuntas	6,134	5,439
Aguada	12,095	10,821
Aguadilla	14,646	11,817
Aguas Buenas	8,028	6,778
Aibonito	7,551	7,799
Añasco	8,354	7,677
Arecibo	27,246	20,577
Arroyo	5,256	4,582
Barceloneta	6,363	6,613
Barranquitas	9,007	7,582
Bayamón	55,520	41,928
Cabo Rojo	12,524	11,214
Caguas	36,284	30,941
Camuy	10,813	8,355
Canóvanas	10,310	8,841
Carolina	42,073	36,966
Cataño	8,681	6,710
Cayey	11,321	11,544
Ceiba	3,821	2,795
Ciales	6,085	5,574
Cidra	12,972	8,852
Coamo	9,592	10,499
Comerío	6,085	5,616
Corozal	10,846	9,529
Culebra	685	703
Dorado	9,911	9,168
Fajardo	8,170	6,327

Florida	**3,987**	3,026
Guánica	**5,912**	5,138
Guayama	**10,758**	9,811
Guayanilla	5,788	**5,922**
Guaynabo	**28,655**	17,874
Gurabo	**11,746**	8,764
Hatillo	**11,211**	9,960
Hormigueros	**4,776**	4,696
Humacao	12,540	**13,775**
Isabela	**12,124**	11,375
Jayuya	4,777	**4,801**
Juana Díaz	**12,429**	11,009
Juncos	**9,343**	8,463
Lajas	6,368	**6,478**
Lares	**9,290**	8,433
Las Marías	**3,217**	3,128
Las Piedras	**10,267**	7,944
Loíza	**6,542**	4,927
Luquillo	**5,028**	4,219
Manatí	**12,694**	8,685
Maricao	**2,168**	1,621
Maunabo	3,548	**3,725**
Mayagüez	**19,545**	19,360
Moca	**11,855**	9,160
Morovis	**9,429**	8,915
Naguabo	**6,480**	6,087
Naranjito	9,072	**9,531**
Orocovis	**8,053**	6,920
Patillas	**5,823**	4,977
Peñuelas	**6,646**	5,920
Ponce	**41,427**	33,174
Quebradillas	**7,490**	6,683

Rincón	3,876	**4,546**
Río Grande	**11,938**	10,222
Sabana Grande	6,204	**7,034**
Salinas	**7,493**	7,480
San Germán	**9,077**	8,459
San Juan	**97,152**	74,633
San Lorenzo	**11,887**	10,516
San Sebastián	**11,862**	11,434
Santa Isabel	**6,375**	5,371
Toa Alta	**17,301**	13,541
Toa Baja	**22,842**	17,755
Trujillo Alto	**18,379**	15,262
Utuado	**9,678**	8,952
Vega Alta	**9,102**	8,568
Vega Baja	**14,973**	14,452
Vieques	1,963	**2,488**
Villalba	**8,977**	7,481
Yabucoa	**10,586**	10,311
Yauco	**11,884**	9,824
Total	**970,910**	828,077
%	**54.00%**	46.00%

El PNP, PIP, ALAS y "Boricua Ahora Es," hicieron campaña en contra del Status Territorial (un voto por el "NO"). ALAS (Alianza pro Libre Asociación Soberana) es una organización no partidista que respalda la Libre Asociación.

"Boricua Ahora Es" es una organización no partidista dirigida por el Dr. Ricardo Rosselló Nevares, con personas que quieren la descolonización de Puerto Rico, aunque puedan tener distintas opiniones sobre la mejor opción no colonial para Puerto Rico.

El PPD le pidió a sus electores que votaran por el "Sí" al Territorio como un voto de castigo al gobernador Luis Fortuño del PNP. El Gobernador Luis Fortuño recibió 50,584 votos más que el "Sí," y el "No" obtuvo 74,850 votos más que el candidato a gobernador del PPD.

Un voto por el "Sí" era un voto para mantener el consentimiento de los gobernados al status actual, donde Puerto Rico está sujeto a la Cláusula Territorial de la Constitución de los Estados Unidos de América. Puerto Rico está bajo los poderes del Congreso.

Un voto por el "No" era un mensaje al Congreso de que Puerto Rico retiraba su consentimiento al status actual bajo la Cláusula Territorial y los poderes del Congreso.

Pregunta 2 – Opciones No Territoriales

	Estadidad	Estado Libre Asociado Soberano	Independencia
Adjuntas	5,775	2,166	249
Aguada	10,955	4,776	752
Aguadilla	13,260	5,935	801
Aguas Buenas	7,092	3,462	717
Aibonito	6,209	3,758	764
Añasco	7,601	4,771	401
Arecibo	24,556	9,479	1,494
Arroyo	4,527	2,487	464
Barceloneta	5,532	2,889	423
Barranquitas	8,168	3,542	457
Bayamón	47,642	26,618	4,331
Cabo Rojo	10,358	7,468	1,185
Caguas	29,145	20,018	3,544
Camuy	9,902	3,376	561
Canóvanas	8,814	4,697	841
Carolina	34,689	23,412	3,609
Cataño	7,472	3,773	627
Cayey	9,083	6,000	1,230
Ceiba	3,390	1,150	213
Ciales	5,586	1,834	283
Cidra	10,848	4,758	1,114
Coamo	8,694	3,762	497
Comerío	5,236	3,917	425
Corozal	9,714	4,441	521

Culebra	554	277	69
Dorado	8,207	5,162	877
Fajardo	7,274	3,041	508
Florida	3,605	1,359	291
Guánica	5,201	2,908	354
Guayama	9,244	5,131	831
Guayanilla	4,809	3,861	554
Guaynabo	24,054	12,369	2,437
Gurabo	9,859	4,941	969
Hatillo	10,120	3,715	579
Hormigueros	4,115	3,360	354
Humacao	10,688	5,776	1,027
Isabela	10,956	8,495	672
Jayuya	4,288	1,305	256
Juana Díaz	10,937	7,254	762
Juncos	8,093	3,698	616
Lajas	5,565	3,538	450
Lares	8,478	3,999	565
Las Marías	2,864	1,283	135
Las Piedras	9,255	3,360	556
Loíza	5,980	2,624	340
Luquillo	4,376	1,964	338
Manatí	11,267	4,382	754
Maricao	2,004	772	65
Maunabo	3,136	1,001	312
Mayagüez	16,163	12,917	1,842
Moca	11,263	4,405	477
Morovis	8,613	3,564	463
Naguabo	5,831	2,440	344
Naranjito	7,739	5,198	555
Orocovis	7,572	2,605	285
Patillas	5,224	2,364	427

Peñuelas	5,753	2,500	575
Ponce	35,334	20,209	3,486
Quebradillas	6,764	3,040	437
Rincón	3,363	2,147	208
Río Grande	10,358	5,290	848
Sabana Grande	5,361	2,844	386
Salinas	6,593	3,396	507
San Germán	7,865	5,451	668
San Juan	76,881	51,621	11,681
San Lorenzo	10,536	3,796	661
San Sebastián	10,491	6,648	837
Santa Isabel	5,603	2,796	354
Toa Alta	14,555	8,175	1,393
Toa Baja	19,289	10,287	1,859
Trujillo Alto	14,763	10,066	2,010
Utuado	8,719	5,041	560
Vega Alta	8,008	4,077	644
Vega Baja	12,868	6,887	1,128
Vieques	1,535	1,058	227
Villalba	8,195	2,332	371
Yabucoa	9,497	3,665	558
Yauco	10,278	5,885	930
Total	834,191	454,768	74,895
%	61.164%	33.344%	5.491%

El PPD pidió a sus electores que dejaran esta parte de la papeleta en blanco, privándole a su electorado de escoger su opción no territorial preferida.

El PNP y el PIP respaldaron la Estadidad e Independencia respectivamente.

ALAS respaldó el Estado Libre Asociado Soberano.

Datos adicionales sobre el plebiscito de 2012

"Votos para el Sí" al Territorio (PPD)	828,077
Votos para el Gobernador Luis Fortuño (PNP)	884,775
Ventaja de Luis Fortuño sobre el "Sí"	56,698
El PPD pidió un voto para el "Sí" como un voto contra el Gobernador Luis Fortuño.	
Votos para Alejandro García (PPD)	896,060
Votos por el "No" al Territorio	970,910
Ventaja del "No" sobre Alejandro García	74,850
Si un voto por el "Sí" era un voto contra Luis Fortuño, entonces un voto por el "No" era un voto contra Alejandro García Padilla)	
Votos para la Independencia	74,895
Votos para Juan Dalmau (PIP)	47,331
Personas que votaron por la Independencia pero no por Juan Dalmau del PIP. El PIP no quedó inscrito.	27,564
Votos para la Estadidad	834,191
Votos para Luis Fortuño (PNP)	884,775
Electores que votaron por Luis Fortuño pero no por la Estadidad	50,584
Votos para la Estadidad	834,191
Votos para el Territorio ("ELA")	828,077
Ventaja de la Estadidad sobre el Territorio	6,114

Estadidad vs. Status Territorial
(Solo como ejercicio hipotético)

	Estadidad	Territorio
Adjuntas	**5,775**	5,439
Aguada	**10,955**	10,821
Aguadilla	**13,260**	11,817
Aguas Buenas	**7,092**	6,778
Aibonito	6,209	**7,799**
Añasco	7,601	**7,677**
Arecibo	**24,556**	20,577
Arroyo	4,527	**4,582**
Barceloneta	5,532	**6,613**
Barranquitas	**8,168**	7,582
Bayamón	**47,642**	41,928
Cabo Rojo	10,358	**11,214**
Caguas	29,145	**30,941**
Camuy	**9,902**	8,355
Canóvanas	8,814	**8,841**
Carolina	34,689	**36,966**
Cataño	**7,472**	6,710
Cayey	9,083	**11,544**
Ceiba	**3,390**	2,795
Ciales	**5,586**	5,574
Cidra	**10,848**	8,852
Coamo	8,694	**10,499**
Comerío	5,236	**5,616**
Corozal	**9,714**	9,529
Culebra	554	**703**
Dorado	8,207	**9,168**
Fajardo	**7,274**	6,327
Florida	**3,605**	3,026
Guánica	**5,201**	5,138

Guayama	9,244	**9,811**
Guayanilla	4,809	**5,922**
Guaynabo	**24,054**	17,874
Gurabo	**9,859**	8,764
Hatillo	**10,120**	9,960
Hormigueros	4,115	**4,696**
Humacao	10,688	**13,775**
Isabela	10,956	**11,375**
Jayuya	4,288	**4,801**
Juana Díaz	10,937	**11,009**
Juncos	8,093	**8,463**
Lajas	5,565	**6,478**
Lares	**8,478**	8,433
Las Marías	2,864	**3,128**
Las Piedras	**9,255**	7,944
Loíza	**5,980**	4,927
Luquillo	**4,376**	4,219
Manatí	**11,267**	8,685
Maricao	**2,004**	1,621
Maunabo	3,136	**3,725**
Mayagüez	16,163	**19,360**
Moca	**11,263**	9,160
Morovis	8,613	**8,915**
Naguabo	5,831	**6,087**
Naranjito	7,739	**9,531**
Orocovis	**7,572**	6,920
Patillas	**5,224**	4,977
Peñuelas	5,753	**5,920**
Ponce	**35,334**	33,174
Quebradillas	**6,764**	6,683
Rincón	3,363	**4,546**
Río Grande	**10,358**	10,222

Sabana Grande	5,361	**7,034**
Salinas	6,593	**7,480**
San Germán	7,865	**8,459**
San Juan	**76,881**	74,633
San Lorenzo	**10,536**	10,516
San Sebastián	10,491	**11,434**
Santa Isabel	**5,603**	5,371
Toa Alta	**14,555**	13,541
Toa Baja	**19,289**	17,755
Trujillo Alto	14,763	**15,262**
Utuado	8,719	**8,952**
Vega Alta	8,008	**8,568**
Vega Baja	12,868	**14,452**
Vieques	1,535	**2,488**
Villalba	**8,195**	7,481
Yabucoa	9,497	**10,311**
Yauco	**10,278**	9,824
Total	**834,191**	828,077
%	**50.18%**	49.82%

Esta es la primera ocasión que la Estadidad obtiene más votos que el Status Territorial actual, conocido por muchos como "Estado Libre Asociado."

Los líderes del PPD argumentaban que la fórmula que ganara la segunda pregunta iba a obtener menos votos que el "Sí" a favor del Status actual. Eso no fue así.

Comparación de los votos obtenidos por las distingas fórmulas de Status en

1967, 1993, 1998 & 2012.

Estadidad

	1967	1993	1998	2012
Adjuntas	2,640	4,872	4,572	5,775
Aguada	2,459	8,772	8,885	10,955
Aguadilla	4,186	14,320	13,787	13,260
Aguas Buenas	1,074	6,398	6,037	7,092
Aibonito	1,725	4,466	4,396	6,209
Añasco	1,858	6,698	6,334	7,601
Arecibo	5,370	24,524	21,528	24,556
Arroyo	1,239	4,398	4,261	4,527
Barceloneta	2,282	5,267	4,501	5,532
Barranquitas	1,556	6,426	6,404	8,168
Bayamón	14,919	53,797	46,435	47,642
Cabo Rojo	1,767	7,799	7,839	10,358
Caguas	8,689	28,506	25,582	29,145
Camuy	1,984	8,196	8,442	9,902
Canóvanas	--	7,287	6,945	8,814
Carolina	5,973	38,757	34,151	34,689
Cataño	3,424	6,620	6,124	7,472
Cayey	3,450	8,703	8,706	9,083
Ceiba	939	3,151	2,647	3,390
Ciales	1,460	5,043	4,820	5,586
Cidra	2,096	8,279	8,377	10,848
Coamo	3,170	7,529	7,178	8,694
Comerío	247	4,984	4,869	5,236

Corozal	**3,856**	**8,929**	**8,533**	9,714
Culebra	19	313	336	**554**
Dorado	1,368	6,339	5,887	8,207
Fajardo	3,175	**8,107**	7,015	7,274
Florida	--	2,309	**2,732**	3,605
Guánica	1,850	4,077	4,005	5,201
Guayama	3,041	7,773	7,551	9,244
Guayanilla	1,969	4,113	3,934	4,809
Guaynabo	6,575	**23,418**	20,935	24,054
Gurabo	1,700	6,739	6,460	9,859
Hatillo	2,119	8,599	8,220	10,120
Hormigueros	681	3,440	3,408	4,115
Humacao	3,127	10,138	9,577	10,688
Isabela	1,476	9,525	9,844	10,956
Jayuya	1,736	3,926	4,104	4,288
Juana Díaz	4,097	9,569	9,125	10,937
Juncos	2,829	7,165	6,769	8,093
Lajas	1,189	4,768	4,750	5,565
Lares	2,178	7,212	7,033	8,478
Las Marías	483	2,072	2,411	2,864
Las Piedras	2,528	7,316	7,452	9,255
Loíza	1,863	5,835	5,286	5,980
Luquillo	975	4,209	3,699	4,376
Manatí	2,938	10,316	9,590	11,267
Maricao	344	1,717	1,801	2,004
Maunabo	619	2,877	2,805	3,136
Mayagüez	7,174	20,189	17,847	16,163
Moca	2,816	9,479	9,794	11,263
Morovis	1,615	6,187	6,036	8,613
Naguabo	2,427	5,210	4,878	5,831
Naranjito	1,851	5,946	5,749	7,739

Orocovis	2,456	**5,929**	5,826	**7,572**
Patillas	1,734	4,652	4,383	**5,224**
Peñuelas	1,997	5,135	5,139	**5,753**
Ponce	**22,950**	35,949	31,264	**35,334**
Quebradillas	1,111	5,473	5,934	**6,764**
Rincón	802	2,908	3,082	**3,363**
Río Grande	2,198	**10,269**	9,100	**10,358**
Sabana Grande	1,313	4,288	4,425	**5,361**
Salinas	1,718	5,013	4,693	**6,593**
San Germán	2,363	7,543	7,432	**7,865**
San Juan	60,723	**92,395**	77,537	**76,881**
San Lorenzo	**4,475**	**9,145**	8,405	**10,536**
San Sebastián	2,654	9,187	9,499	**10,491**
Santa Isabel	1,736	3,823	3,702	**5,603**
Toa Alta	1,765	**9,649**	9,794	**14,555**
Toa Baja	2,602	**18,636**	16,496	**19,289**
Trujillo Alto	2,196	12,674	11,973	**14,763**
Utuado	3,651	**9,415**	**7,757**	**8,719**
Vega Alta	1,199	7,270	6,975	**8,008**
Vega Baja	3,032	11,544	10,801	**12,868**
Vieques	507	1,988	1,580	**1,535**
Villalba	1,915	**5,739**	**5,660**	**8,195**
Yabucoa	2,774	8,649	8,435	**9,497**
Yauco	3,784	8,419	7,879	**10,278**
Puerto Rico	274,312	788,296	728,157	**834,191**
%	38.982%	46.64%	46.63%	**61.164%**

*-En 1967, el liderato del Partido Estadista Republicano, dirigido por Don Miguel Ángel García Méndez decidió no participar en el plebiscito, por entender que sería nocivo a la Estadidad participar en un plebiscito sin aval del Congreso.

Don Luis A. Ferré entendió que no podía dejarse abandonado a su suerte el ideal de la Estadidad para que obtuviera un número raquítico de votos. Por eso, junto a un grupo de estadistas, creó la organización no partidista "Estadistas Unidos" para defender la Estadidad en el plebiscito. El día del plebiscito, la Estadidad triunfó en cuatro municipios (Cataño, Ponce, San Lorenzo y Corozal), en cuatro de los ocho precintos en que entonces estaba dividido el municipio de San Juan, y en el precinto de Hato Tejas en Bayamón. Luego del plebiscito los miembros de "Estadistas Unidos" crearon el Partido Nuevo Progresista.

*-En 1993, las opciones fueron representadas por figuras geométricas escogidas por sorteo. Eso, porque tanto el PNP como el PIP querían utilizar la estrella como símbolo de sus opciones de status.

*-En 1998, las opciones y los lugares en la papeleta fueron representadas por números escogidos mediante sorteo.

Independencia

	1967	1993	1998	2012
Adjuntas	16	211	148	249
Aguada	33	686	383	752
Aguadilla	68	872	509	801
Aguas Buenas	9	735	491	717
Aibonito	15	675	354	764
Añasco	29	275	186	401
Arecibo	100	1,655	915	1,494
Arroyo	33	395	266	464
Barceloneta	32	309	151	423
Barranquitas	18	513	298	457
Bayamón	276	5,812	2,488	4,331
Cabo Rojo	56	1,253	796	1,185
Caguas	123	3,757	1,787	3,544
Camuy	18	412	254	561
Canóvanas	--	671	352	841
Carolina	109	4,258	1,870	3,609
Cataño	23	675	303	627
Cayey	34	1,096	629	1,230
Ceiba	8	143	107	213
Ciales	7	264	146	283
Cidra	25	967	687	1,114
Coamo	19	416	239	497
Comerío	2	412	249	425
Corozal	24	535	308	521
Culebra	2	33	28	69
Dorado	23	786	426	877

Fajardo	42	602	344	508
Florida	--	221	186	291
Guánica	38	339	250	354
Guayama	42	699	442	831
Guayanilla	32	529	378	554
Guaynabo	92	2,653	1,190	2,437
Gurabo	27	524	334	969
Hatillo	30	458	326	579
Hormigueros	23	376	268	354
Humacao	44	1,006	567	1,027
Isabela	32	655	388	672
Jayuya	7	292	181	256
Juana Díaz	27	513	321	762
Juncos	26	464	271	616
Lajas	23	377	238	450
Lares	35	615	359	565
Las Marías	8	150	105	135
Las Piedras	16	364	226	556
Loíza	37	371	215	340
Luquillo	12	325	158	338
Manatí	31	773	435	754
Maricao	6	66	54	65
Maunabo	15	334	197	312
Mayagüez	211	2,313	1,191	1,842
Moca	13	425	291	477
Morovis	9	299	204	463
Naguabo	17	264	208	344
Naranjito	20	566	298	555
Orocovis	9	298	167	285
Patillas	13	404	252	427
Peñuelas	20	565	429	575

Ponce	304	3,676	1,830	3,486
Quebradillas	21	466	273	437
Rincón	13	155	97	208
Río Grande	28	714	409	848
Sabana Grande	10	281	238	386
Salinas	29	373	259	507
San Germán	70	635	375	668
San Juan	1,305	12,825	5,490	11,681
San Lorenzo	12	541	313	661
San Sebastián	38	1,125	748	837
Santa Isabel	25	274	170	354
Toa Alta	13	905	511	1,393
Toa Baja	30	2,009	958	1,859
Trujillo Alto	51	1,931	901	2,010
Utuado	50	493	248	560
Vega Alta	14	625	362	644
Vega Baja	38	1,060	625	1,128
Vieques	9	215	110	227
Villalba	14	246	169	371
Yabucoa	36	560	353	558
Yauco	51	875	556	930
Puerto Rico	4,248	75,620	39,838	74,895
%	0.603%	4.47%	2.55%	5.491%

*- En 1967, el PIP decidió no ir al plebiscito y la Independencia fue representada por una organización no partidista llamada *"Fondo para la República"*

*- En 1993 las opciones fueron representadas por figuras geométricas escogidas mediante sorteo.

*- En 1998 las opciones fueron representadas por números escogidos mediante sorteo.

Condición Territorial

	1967	1993	1998	2012
Adjuntas	3,262	4,975	8	5,43
Aguada	3,200	8,721	9	10,82
Aguadilla	6,647	12,822	22	11,81
Aguas Buenas	3,067	6,476	2	6,7
Aibonito	3,743	7,758	3	7,79
Añasco	3,490	7,183	3	7,67
Arecibo	14,999	23,136	20	20,57
Arroyo	2,443	4,774	6	4,58
Barceloneta	4,593	5,977	3	6,61
Barranquitas	3,622	6,930	7	7,58
Bayamón	17,264	45,294	56	41,92
Cabo Rojo	4,478	10,808	10	11,21
Caguas	12,541	31,119	40	30,94
Camuy	4,266	8,404	9	8,35
Canóvanas	--	9,117	9	8,84
Carolina	9,247	37,202	43	36,96
Cataño	3,258	6,232	7	6,71
Cayey	7,869	12,131	21	11,54
Ceiba	1,575	3,153	5	2,79
Ciales	3,270	4,581	2	5,57
Cidra	3,387	8,100	8	8,85
Coamo	4,267	8,853	11	10,49
Comerío	1,219	5,509	2	5,61
Corozal	3,787	8,544	8	9,52
Culebra	222	605	4	70

Dorado	**3,344**	**8,632**	13	9,168
Fajardo	**3,920**	7,934	19	6,327
Florida	--	**2,368**	2	3,026
Guánica	**2,650**	**5,050**	7	5,138
Guayama	**6,196**	**9,527**	11	9,811
Guayanilla	**3,324**	**5,826**	3	**5,922**
Guaynabo	**7,263**	17,797	40	17,874
Gurabo	**4,285**	**7,159**	9	8,764
Hatillo	**4,271**	**9,413**	9	9,960
Hormigueros	**1,806**	**4,655**	7	4,696
Humacao	**7,975**	**14,428**	23	**13,775**
Isabela	**5,530**	**10,867**	5	11,375
Jayuya	**2,325**	**3,944**	5	**4,801**
Juana Díaz	**4,730**	**10,613**	3	11,009
Juncos	**4,468**	**7,455**	10	8,463
Lajas	**3,490**	**6,893**	9	**6,478**
Lares	**4,564**	**7,595**	4	8,433
Las Marías	**1,969**	**2,963**	1	3,128
Las Piedras	**3,457**	**7,406**	7	7,944
Loíza	**6,233**	4,505	8	4,927
Luquillo	**2,468**	**4,397**	2	4,219
Manatí	**5,975**	10,013	12	8,685
Maricao	**1,457**	1,676	3	1,621
Maunabo	**2,273**	**3,160**	6	**3,725**
Mayagüez	**15,424**	**25,312**	27	19,360
Moca	**3,409**	7,725	11	9,160
Morovis	**3,863**	**7,225**	3	8,915
Naguabo	**3,537**	**6,138**	4	6,087
Naranjito	**4,464**	**8,954**	8	**9,531**
Orocovis	**3,303**	5,641	6	6,920
Patillas	**3,228**	**5,282**	7	4,977

Peñuelas	2,713	5,614	8	5,9
Ponce	20,114	38,635	52	33,1
Quebradillas	2,624	5,885	3	6,6
Rincón	2,118	4,076	4	4,5
Río Grande	3,692	9,349	16	10,2
Sabana Grande	3,436	7,876	8	7,0
Salinas	4,916	7,557	5	7,4
San Germán	5,262	10,070	17	8,4
San Juan	63,496	81,492	135	74,6
San Lorenzo	4,213	9,020	11	10,5
San Sebastián	5,405	11,731	12	11,4
Santa Isabel	2,581	5,458	5	5,3
Toa Alta	3,176	9,109	7	13,5
Toa Baja	4,407	18,106	24	17,7
Trujillo Alto	4,144	13,216	18	15,2
Utuado	5,820	8,484	7	8,9
Vega Alta	3,771	8,857	8	8,5
Vega Baja	5,798	14,266	12	14,4
Vieques	1,911	2,230	2	2,4
Villalba	2,731	5,658	3	7,4
Yabucoa	6,065	10,082	16	10,3
Yauco	6,254	10,780	18	9,8
Puerto Rico	425,132	826,326	993	828,0
%	60.414%	48.89%	0.06%	46.00

*- En 1998, el PPD decidió respaldar "Ninguna de las Anteriores." Como esa columna no es una fórmula de status, sus votos no pueden considerarse como votos a favor de ninguna opción. El Status Territorial apareció con el número "1" en la papeleta pero nadie endosó formalmente esa opción.

*- En 2012 el "Sí" era el voto a favor del Status Territorial actual, en la primera pregunta del plebiscito.

PROYECCIÓN

RESULTADOS

PLEBISCITO

CON DEFINICIONES

APROBADAS

POR EL

GOBIERNO

FEDERAL

Proyección resultados posible plebiscito 2015 entre fórmulas no territoriales, con definiciones aprobadas por el Gobierno de los Estados Unidos.

	Estadidad	Libre Asociación	Independe
Adjuntas	7,941	1,083	
Aguada	15,731	2,388	
Aguadilla	19,195	2,968	
Aguas Buenas	10,554	1,731	
Aibonito	9,967	1,879	
Añasco	12,372	2,386	
Arecibo	34,035	4,740	1
Arroyo	7,014	1,244	
Barceloneta	8,421	1,445	
Barranquitas	11,710	1,771	
Bayamón	74,260	13,309	4
Cabo Rojo	17,826	3,734	1
Caguas	49,163	10,009	3
Camuy	13,278	1,688	
Canóvanas	13,511	2,349	
Carolina	58,101	11,706	3
Cataño	11,245	1,887	
Cayey	15,083	3,000	1
Ceiba	4,540	575	
Ciales	7,420	917	
Cidra	15,606	2,379	1
Coamo	12,456	1,881	

Comerío	**9,153**	1,959	425
Corozal	**14,155**	2,221	521
Culebra	**831**	139	69
Dorado	**13,369**	2,581	877
Fajardo	**10,315**	1,521	508
Florida	**4,964**	680	291
Guánica	**8,109**	1,454	354
Guayama	**14,375**	2,566	831
Guayanilla	**8,670**	1,931	554
Guaynabo	**36,423**	6,185	2,437
Gurabo	**14,800**	2,471	969
Hatillo	**13,835**	1,858	579
Hormigueros	**7,475**	1,680	354
Humacao	**16,464**	2,888	1,027
Isabela	**19,451**	4,248	672
Jayuya	**5,593**	653	256
Juana Díaz	**18,191**	3,627	762
Juncos	**11,791**	1,849	616
Lajas	**9,103**	1,769	450
Lares	**12,477**	2,000	565
Las Marías	**4,147**	642	135
Las Piedras	**12,615**	1,680	556
Loíza	**8,604**	1,312	340
Luquillo	**6,340**	982	338
Manatí	**15,649**	2,191	754
Maricao	**2,776**	386	65
Maunabo	**4,137**	501	312
Mayagüez	**29,080**	6,459	1,842
Moca	**15,668**	2,203	477
Morovis	**12,177**	1,782	463
Naguabo	**8,271**	1,220	344
Naranjito	**12,937**	2,599	555

Orocovis	10,177	1,303	
Patillas	7,588	1,182	
Peñuelas	8,253	1,250	
Ponce	55,543	10,105	3
Quebradillas	9,804	1,520	
Rincón	5,510	1,074	
Río Grande	15,648	2,645	
Sabana Grande	8,205	1,422	
Salinas	9,989	1,698	
San Germán	13,316	2,726	
San Juan	128,502	25,811	11
San Lorenzo	14,332	1,898	
San Sebastián	17,139	3,324	
Santa Isabel	8,399	1,398	
Toa Alta	22,730	4,088	1
Toa Baja	29,576	5,144	1
Trujillo Alto	24,829	5,033	2
Utuado	13,760	2,521	
Vega Alta	12,085	2,039	
Vega Baja	19,755	3,444	1
Vieques	2,593	529	
Villalba	10,527	1,166	
Yabucoa	13,162	1,833	
Yauco	16,163	2,943	
Total	1,288,959	227,384	74
%	81.00%	14.29%	4.

Anotaciones:

Anotaciones:

www.ingramcontent.com/pod-product-compliance
Lightning Source LLC
Chambersburg PA
CBHW050340290526
45785CB00006B/2575